कृतकृत्य

सुयश मालवीय 'मुसाफ़िर'

BookLeaf Publishing

India | USA | UK

Made with ❤ on the BookLeaf Publishing Platform
www.bookleafpub.in
www.bookleafpub.com

Dedication

समर्पण

यह संग्रह उन अनगिनत क्षणों को समर्पित है जो जीवन की साधारण सी दिखने वाली पर गहरी कहानियाँ बुनते हैं।
उन सुबहों को, जिनमें चाय की प्याली के साथ किताबों की बातें होती हैं।
उन दोस्तों को, जो हर खुशी और परेशानी में मेरे साथ खड़े रहे।
माता-पिता को, जिनका स्नेह और आशीर्वाद हर मुश्किल को आसान बना देता है।
और अंत में, अपने प्यारे शहर कानपुर को, जिसकी गलियों, चाय की दुकानों, और हवा में एक अजीब सी आत्मीयता है।

यह काव्य संग्रह आप सभी के लिए है।

Preface

प्रस्तावना

यह संग्रह मेरे हृदय की उन अनकही अनुभूतियों का संकलन है, जो मैंने अपने लड़कपन के दिनों में शब्दों में पिरोई थीं। कानपुर की संकरी गलियों, मोहल्लों और धूलभरी सड़कों में जीवन के अनेक रंग देखने का अवसर मिला, जिनसे मेरी कविताएँ प्रेरित हैं। मैं एक हिंदी माध्यम विद्यार्थी जिसके लिए बनारस प्रेम, कानपुर अभिमान और इलाहाबाद याद है।

एक मध्यम वर्गीय परिवार में जन्म लेने से जीवन में साधारण चीज़ों से खुश होना, परिवार के प्रति स्नेह, दोस्तों के साथ बिताए गए सुनहरे पल और बचपन के काल्पनिक प्रेम की विफलताएं एवं मासूमियत मेरे जीवन का हिस्सा बने। मेरी कविताओं में वही छोटी-छोटी बातें हैं जो मुझे कभी हँसाती थीं, कभी रुलाती थीं और कभी सोचने पर मजबूर करती थीं।

यह संग्रह मेरे उस समय का एक आलेख है, जब मैं अपने आसपास की दुनिया को जिज्ञासु आँखों से देख रहा था और हर चीज़ में कुछ नया सीखने की कोशिश कर रहा था। इन 25 कविताओं में आपको मेरी ज़िंदगी के विविध पहलुओं की झलक मिलेगी – मेरी माँ की ममता, पिता की मेहनत, दोस्तों के साथ की गई शरारतें और जीवन के प्रति मेरे अपने सरल मगर सच्चे विचार।

आशा करता हूँ कि मेरी ये कविताएँ आपके दिल में एक कोना बना पाएँगी, और शायद कहीं न कहीं आपको अपने ही जीवन की झलक भी इनमें देखने को मिलेगी।

सप्रेम,
सुयश मालवीय 'मुसाफ़िर'

कानपुर, उत्तर प्रदेश

Acknowledgements

आभार

प्रिय पिता जी संदीप मालवीय जी, जिन्होंने बालमन पर काव्यरस की छाप छोड़ना अपना कर्तव्य समझा।

प्रिय माता जी एवं पूनम जो हर कविता पढ़ के प्रशंसा ही करतीं हैं।

प्रिय रेखा मौसी जी, जो हर कविता की रचना का हिस्सा बनी।

प्रिय बहन अदिति, जिससे कविताओं को लेकर मेरी प्रतिस्पर्धा सदैव ही रहेगी।

प्रिय मित्र हरीश एवं श्वेता मिश्रा आपके बिना इस स्वप्न का यथार्थ हो पाना असंभव था।
अगर अब भी इस पुस्तक में कोई त्रुटियां है तो वो मात्र मेरी ज़िद की वजह से ही शेष है।

मेरी मित्र मंडली जिनका धन्यवाद लिखना शायद एक पुस्तक में संभव ही नहीं।

मेरा शहर कानपुर एवं प्रेम बनारस जो मेरे हर अवकाश का ठिकाना बना।

1. मृत्यु

अगर मृत्यु एक अटल सत्य है,

तो एक सत्य, मेरा तुमसे प्रेम करना भी है।

अगर मृत्यु एक अटल सत्य है,

तो मैं आदमज़ाद की तरह उसकी कल्पना कर सकता हूँ,

उसका आकलन भी कर सकता हूँ।

पर तुम्हारे मेरे साथ ना होने की कल्पना नहीं कर सकता।

चिंता में बदल चुका ये विचार के,

"एक रोज़ हममें से,

कोई एक अकेला रह जाएगा।"

मुझे इस बार स्वार्थी बना बैठा है।

अगर मृत्यु एक अटल सत्य है,

तो मैं चाहता हूं, मेरे हिस्से ये तुमसे पहले आए।

तुमसे विरह का विचार और दुःखमयी शेष जीवन,

आज रात मुझे सोने ना देगा।

अगर मृत्यु एक अटल सत्य है,

तो जीवन भी तो उतना ही यथार्थ है,

और दुःखों का होना जीवन के होने का प्रमाण।

क्योंकि अगर किसी रोज़ दुःख खत्म हो गए,
ये जीवन शून्य हो उठेगा।

अगर मृत्यु एक अटल सत्य है,
तो दुःखों के बीच जीवन के अस्तित्व का होना भी है।

और उतना ही सत्य 'मुसाफ़िर' का तुमसे प्रेम करना भी है।

2. प्रेम सभ्यता

मैंने इतिहास में पढ़ा था,
किसी भी सभ्यता का विकास नदियों के किनारे ही हुआ है।

अब यह सोचते हुए ख्याल आता है कि दो लोगों का मिलना,
संसार की कितनी बड़ी घटना है।

क्या कहा, कैसे?
अच्छा, कभी गौर से देखना,
एक-दूसरे को बाँहों में भरे दो प्रेमियों को
उनके बीच बहती रहती है एक नदी!

जिसके किनारो पर सपनों, वास्तविकताओं, भावनाओं और
संभावनाओं की सभ्यता बसाते दिखेंगे वो दो तुमको,
इसलिए भी, दो प्रेमियों का मिलना जरुरी है।

क्या कहा, क्यों?
क्योंकि प्रेम की सभ्यता का शायद इस धरा पर बना रहना जरूरी है।
प्रेम वो सभ्यता या उस बहती नदी का वो किनारा 'मुसाफ़िर',
जहाँ, हम मिलें और मैं मेरा 'मैं' खो दूँ, शायद 'हम' हो जाने को।

3. स्कूल का स्वेटर

मेरा स्कूल का पुराना स्वेटर।
आज अनायास ही उसकी स्मृति आई।

मेरा स्कूल का पुराना स्वेटर,
जो कोहनियों से उधड़ सा गया था,
वैसे ही जैसे उस उम्र के शौक, सपने और आशाएं उधड़ा करती थी।

हाँ, पर मेरा स्कूल का पुराना स्वेटर, गर्माहट बड़ी देता था,
गर्माहट वैसी ही जैसी आंखों में भरी उम्मीद में थी।
और मन में भरी आकांक्षाओं में।

अपने स्कूल के पुराने स्वेटर को
बदल ना सकने की मायूसी रही,
और बोझ ना बनने का गौरव भी।

हर वर्ष उसे नया ना कर सकने का संताप भी रहा,
और संतोष भी, चलो एक मौसम और सही।

जैसे जैसे समय बीतता गया वो स्वेटर तंग सा होता गया,
आस्तीनें ऊंची होती रही पर वो स्वेटर फ़िर भी रहा।

रहा मानो सिर्फ़ ये बताने को के 'मुसाफ़िर',

स्थिति, परिस्थिति, दशा चाहे जैसी हो,
वो गर्माहट ही है जो तुम्हे मुझसे जोड़े है।

4. मेज़ मेरी

मेरा 10×10 का कमरा,
सूर्योदय की नित्य साक्षी बनती कमरे की खिड़की,
खिड़की से लगी मेरी मेज़।

वो मेज़ जिसने ना जाने क्या क्या देखा,
महसूस किया, और संभाला है।
हम कई बार निर्जीव वस्तुओ के महत्व को तरजीह नहीं देते है।
वो भी किसी मनुष्य की भांति अगर दूर चली जायें तो कल्पना
मुश्किल होगी।

बात फिलहाल मेज़ की,
मेज़ ने मुझे संघर्ष करते, रोते, बिखरते, संभालते, सफल होते देखा है।

घर का मेरा पसंदीदा कोना मेज़ जहां किताबें बिखरी पड़ी रहती है
मेरी।
मेज़ के पहले दराज़ में पड़ी मेरी डायरी और नीली इंक से भरा
फाउंटेन पेन।

इन तीनो ने ना जाने कितनी रचनाओं को तामीर होते, जुड़ते और
मुकर्रर होते देखा है।
अनगिनत चाय के प्याले साझा किए हैं मैंने इसके साथ।
कप की अनमिटी छाप प्रमाण है इसका।

कलमकार की रचना सिर्फ़,
कागज़ कलम से नहीं होती,
मेज़ भी योगदान भरपूर देती है।
मेरा 10×10 के कमरे का पसंदीदा कोना।
मेरी मेज़।

5. मिज़ाज़ पुराना

यार सुनो पुराना मिज़ाज़ नहीं मिल रहा,
यहीं कमरे के किसी कोने छोड़ के गया था मैं।

देखना शायद मेज़ पर बिखरी किताबों के बीच पड़ा होगा,
या मेरी खुली डायरी पे, अधूरी बिखरी स्याही में उलझा फसा हो कहीं।

वो जूठे खाली चाय के प्याले के साथ
मोरी* पे तो नहीं पड़ा कहीं,
पिछली बार जब शब्दों के जाल लिए,
चाय में डूबा था तो साथ था मेरे।

कहीं वो हवाएं साथ ना ले गई हों उसे,
जिन्हें अपने चेहरे पर महसूस करना पुराने मिज़ाज़ के कारण ही भाया था।

शायद पुराने दिन, बिछड़े लोग, छूटे अवसरों और निराशा ने,
मसरूफ़ियत का मुखौटा पहन कैद कर लिया हो उसे।
अलबत्ता उलझनों, परेशानियो में सुध ही ना ली मैंने उसकी।

अब लगता है जब वो था तो मैं क्या ही था,
अब मिल नहीं रहा तो क्या ही हूँ।
कहते है तुम तो 'मुसाफ़िर' हो, कहीं कोई चीज़ टिकती है क्या?

*मोरी-जूठे बरतन रखने का स्थान

6. मौन

ये ज़रूरी तो नहीं के हर वक़्त प्यार ही हो,
लड़ाई भी हो सकती है।

आख़िर दो पहाड़ो के दरमियां सिर्फ़ पुल ही नहीं होते,
खाई भी हो सकती है।

तुम उसकी ज़िम्मेदारी नहीं, वो तुम्हारी आकांक्षा नहीं,
अधूरे हो फ़िर भी जितना एक पाँव की पायल हो सकती है।

पसंद तो था तुमको भी बहते पानी का शोर, मुड़ती नदी की हँसी,
क्या धूप गुनगुनाना छोड़ सकती है।
क्या चिड़िया चहचहाना छोड़ सकती है।

जो छोड़ दी वक़्त के नाम चीज़े ना छेड़ना उनको,
ज़िन्दगी अलबत्ता इस रुख़ से मंदा हो सकती है।

हैरान है कैसे दरमियां नहीं तुम 'मुसाफ़िर',
मौन ही अभिव्यक्ति की तपस्या हो सकती है।

7. भाव

तुमने कभी हरी घास पर पड़ी ओस को
पाँव के तलवों पर महसूस किया है?
तुम्हें मुस्कुराते देखता हूँ तो मन मे वही भाव आते है मेरे।

क्यारियों से झांकती नई कोपलों में छिपी उमंग को जाना है?
तुमसे बात करता हूँ तो मन में वही भाव आते है मेरे।

आँगन के किनारे लगे फुहारे में कभी चिड़ियों को नहाते देखा है?
तुम्हारी अलकों को देखता हूँ तो मन मे वही भाव आते है मेरे।

दूर एक ओर आकाश में बादलों का झुरमुट,
क्या कभी यूँ मौसमों को बदलते देखा है?
तुम्हरी शिकन पड़ी सिकुड़ती संजीदा भवों को देखता हूँ
तो मन में वही भाव आते है मेरे।

वो सागर, किनारा, लहरों का शोर,
शांति और शांति की गहराई को समझा है?
तुम्हारी आंखों में देखता हूँ तो मन मे वही भाव आते है मेरे।

8. गुलाबी सी

आज की शाम!
सर्द सी, गुलाबी सी।

ठंडी हवाएं, खुला आकाश, असीम बदरी,
मन को लुभाती सी, गुलाबी सी।

इक्षाएँ मन की, कुछ नई कुछ पुरानी,
कुछ बुदबुदाती सी, गुलाबी सी।

रात, सन्नाटा, एक ओर जड़े चाँद की चाँदनी,
कल की याद दिलाती सी, गुलाबी सी।

उगता सूरज, चहकते पंछी नई सुबह,
जगाती सी, गुलाबी सी।

बहते बादलो पर रखी आशाएँ, बारिश और खेतों में नई कोपल,
ताज़ी सी, गुलाबी सी।

घर का बरामदा, बरसता आकाश, तरसता 'मुसाफ़िर' भींगा आंगन,
भींगी आंखे,
मुरझाती सी, गुलाबी सी।

थमती बदरा, रेंगती बाइक , सोंधी महकती राहें मन में उल्लास,
इठलाती सी, गुलाबी सी।

9. ख्वाब!

ख्वाब!
ख़्वाब ये के मैं, तुम और समंदर,

एक हाथ में तुम्हरा हाथ
एक हाथ में बियर का आधा खत्म गिलास,
तारों से सजी शाम, मद्धम संगीत और पैरों में समंदर।

तुम्हारी आंखों में तारे चमकते देखता रहूं,
वो दूर आधा चाँद जो तुमसे रश्क़ खाता
एक टक हमें देखता रहे।

लहरें बस हौले से आकर तुम्हारे सलीके से काली नेलपॉलिश
लगे पैर की उंगलियो को चूम के इठलाती, इतराती रहे।

वो रात से भी काले घने बाल जिनमें खो जाना
ख़ुद को भूल जाना जबतक हक़ीक़त की ज़रूरत ना पड़े।

वो दूर समंदर किनारे सुनहरे अंगारो पे
भुट्टा बेचती बूढ़ी औरत सोचती रहे
कैसे उसकी अंगीठी से ज़्यादा चमक तुम्हारी आंखों में है।

वो एक ओर से उठता बादलों का झुरमुट
जो तुम्हारे गालों को देख ये सोचता रहे
काश वो बारिश बन बरसे और इन्हें छू ले।

और वहीं हम बैठे हों एक हाथ में तुम्हरा हाथ
एक हाथ में बियर का आधा खत्म गिलास,
तारो से सजी शाम, मद्धम संगीत और पैरों में समंदर।

10. माँ और मेरा चश्मा

मेरे फ्रेमलेस चौकोर चश्में की तरह 'माँ' तुम्हारा ख़्याल भी दिन भर लगा रहता है।
जब सुबह जागता हूँ तो सबसे पहले इसी को टटोलता हूँ।

मेरे सुनहरे बचपन की तरह फैली,
सिरहाने पड़ी किताबों के ढेर में हाथ फैला इन्हें खोजता हूँ।

शुरू में जब घर छोड़ा था तब चुभती थी भारी लगती थी।
वैसे ही जैसे नया चश्मा लगता है।

सब कहते थे इनके साथ मैं और संजीदा और परिपक्व लगता हूँ।
इनके साथ ये दुनिया अलग दिखती थी,
कुछ साफ कुछ धुंधली दिखती थी।

माँ तुम, तुम्हारा ख्याल और मेरा चश्मा एक से ही तो हो
संसार को देखने का ज़रिया और नज़रिया दोनों देते हो।

माँ, अब वक्त के साथ मेरा हाथ इन्हें संभालना सीख गया है
माँ, अब तो अक़्सर मैं इन्हें पहनें ही सो जाया करता हूँ।

और फिर तुम्हारी याद आती है
और इन्हें उतार कर सहेज कर अलग रख देती है ये सोच कर,
जो तुम्हें कल पहनना है

उसके कारण 'मुसाफ़िर' तू कहीं जग ना जाए,
सोते वक्त बेटा तुम्हें कहीं लग ना जाए।

11. तुम्हें जब ज़रूरत लगे

मैंने अपनी गुल्लक में मोहलत सहेज रखी है,
तुम्हें जब ज़रूरत लगे ले जाना।

वो शर्ट मेरी जो खूंटी पे टंगी है
उसकी जेब में फुरसत भर लाया था एक रोज़,
तुम्हें जब ज़रूरत लगे ले जाना।

गौर से देखना वहीं एक गाँठ लगा रुमाल भी पड़ा होगा मेरा,
उसमे तुम्हारी फ़िक्र बांध रखी थी मैंने,
तुम्हें जब ज़रूरत लगे ले जाना।

पीछे रसोई की बड़ी अलमारी में रखे चाय के डब्बे में
गुलज़ार शामें पड़ी ही होंगी आज भी,
तुम्हें जब ज़रूरत लगे ले जाना।

पहली बारिश में घुली मिट्टी की ख़ुशबू भी एक बोतल में समेट छत के
एक कोने रख आया था।
तुम्हें जब ज़रूरत लगे ले जाना।

वो टिक टिक करती दीवार घड़ी जिसका सारा वक़्त बस तुम्हारे लिए
ही था आज भी वहीं टंगी होगी।
तुम्हें जब ज़रूरत लगे ले जाना।

इस हरी कालीन से घिरे एक छोटे से घर में मैं भी बैठ तुम्हारा इंतजार

करता हूँ।
तुम्हें जब ज़रूरत लगे तब बुलाना।
तुम्हें जब ज़रूरत लगे ले जाना।

12. एक ख़त रात के नाम

तुम अक़्सर मेरा दरवाज़ा खटखटाती हो,
उस पुरानी मोहब्बत की तरह,
जिसे मैं भूलने की कोशिश में लगा हूँ।
एक हाथ में मेरी असुरक्षाओं, कमियों और दूसरे में मेरे बुरे फैसले समेटे खड़ी हो।

तुम अंदर आती हो,
और धीमे से वो नाम मेरे कानों में बुदबुदा जाती हो,
जिसे मैं हाथ में whisky का गिलास लिए भूलने की उधेड़बुन में लगा था।

ये विडम्बना नहीं तो और क्या है,
लोग तुम्हारे ऊपर गीत और ग़ज़लें लिखा करते हैं,
जबकि तुम हर रोज़ हमे दूसरों से दूर अकेला करने के लिए ही तो आती हो।
जब आधी दुनिया सोती है हम आधे लोग तुमसे छुपने की फिराक में लगे होते है।

सोचता हूँ हम कभी तो दोस्त बनेंगे,
अच्छे दोस्त, ना मैं तुमसे ख़फ़ा रहूंगा ना तुम मुझे मेरी विफलताएँ याद दिलाओगी।

सोचता हूँ कभी तो तुम्हरे साथ में मेरा दम नही घुटेगा।
सोचता हूँ कभी तो मैं जल्दी सोना सीख लूंगा।

सोचता हूँ हम फिर मिलेंगे एक मुस्कान के साथ, बिना परेशानियां
अपने शर्ट के कोने में बाँधे।
उस दिन एक गिलास whisky का तुम्हारे हाथ में भी थमा दूंगा,
आखिर हम दोस्त बन चुके होंगे, और तुम मेरी कमियां वही दरवाज़े के
बाहर फेंक आओगी।

13. कितना बोलती हो!

जब बोलती हो तो कितना बोलती हो.
जब बोलती हो तो झालर हिलते है बालो के, बालियां हिलती हैं।
आँखों के किनारे छिपी यादों की जालियां हिलती हैं।

हर अल्फ़ाज़ में न जाने कितनी भावनाएं संजोती हो,
जब बोलती हो तो कितना बोलती हो ।

वो दरवाज़े पर खड़ी मेरी राह ताकती हो,
फोन पर लगातार निर्देश देती भी बात करती हो।

मिलने पर मेरे बिना कुछ बोले हाथ बढ़ाती 'hi' कहती हो।
जब बोलती हो तो कितना बोलती हो ।

मेरी बनाई कॉफी की भाप में मिली साँसों की चाशनी के बीच भी चुप नहीं रहती हो,
मेरा कुछ सुनने के बजाए अपना कहती हो।
जब बोलती हो तो कितना बोलती हो ।

मैगी में मिली सब्ज़िया बिनती
सोचती, हस्ती, खाती, मुस्कुराती कुछ ना कुछ बुदबुदाती रहती हो।
जब बोलती हो तो कितना बोलती हो ।

मुझसे सवाल कर, चलो छोड़ो कह बात को आगे बढ़ा देती हो।
कुछ ना कहने के भी दो तरीके है,

मैं चुप रहता हूं, तुम बोलती हो।
और जब बोलती हो तो कितना बोलती हो ।

14. तुम आओगी क्या?

वो जब मैं अकेला रहूँ और तुम्हारी याद सताएगी
तुम ख़त लिख मुझे समझाओगी क्या?

वो जब हर शाम थका हारा घर को वापस लौटूं
तुम मेरी वो शामें सजाओगी क्या?

वो जब करने को कुछ ना होगा और हर ओर होगी उदासी
तुम मेरे साथ वक़्त बिताओगी क्या?

वो जब मेरी फ़ोन की playlist नाकाफ़ी लगेगी मैं गिटार बजाऊंगा
तुम मेरे लिए गाओगी क्या?

वो जब रात के 3 बजे अंधेरा और अकेलापन मुझे घेर लेगा
तुम मेरे पास आओगी क्या?

वो जब आँखों से नींद होगी कोसों दूर और होगी उदासी
तुम मुझे लोरियां सुनाओगी क्या?

वो जब सोचूँ तुम क्यों नहीं हो हक़ीक़त
तुम मेरे ख्वाबों से हकीक़त में आओगी क्या?

15. वक़्त लगेगा

कुछ वक़्त लगेगा, मगर सब सुधार जाएगा...
ये सर्द मौसम, ये दूरी, ये मुश्किल वक़्त सब गुज़र जाएगा।

तेरी यादों का मज़ा भी कुछ गुनगुना गुनगुना सा है...
ये दूरी का वक़्त ही है जो हमें आजमाएगा।

हाँ मैं मानता हूं मैं पहुँच नहीं सकता उसके पास...
पर ये तो यकीन है वो एक रोज़ मेरे पास आएगा।

मैं आगे बढ़ता रहा ये नहीं सोचता कभी...
क्या इस खामोशी के बाद भी वो मुझे उसी तरह अपनाएगा।

अब तो हर मोड़ पर एक सवाल दिखता है...
इस सफ़ेद रेगिस्तान में तू किस हद तक जाएगा।

ये साँसे भी थक हार अक़्सर पूछ उठती हैं मुझसे..
'मुसाफ़िर' तू कबतक ख़ुद को रोक पाएगा।

16. पास बैठो

आओ पास बैठो, कुछ बताता हूँ।
एक कहानी आज मैं तुम्हें सुनाता हूँ।

एक लड़की है जिसकी तारीफ मैं क्या करूँ,
बस तुम ये समझो मैं उसे चाहता हूँ।

चाहता हूँ वो मेरे पास रहे,
इस लिए हर रोज़ उसे ख़्वाबों में मनाता हूँ।

उसके रुख़सरो पर सदा रहे हँसी और लाली,
इस ज़द्दोज़हत में ना जाने कितनी बातें बनाता हूँ।

ये मन का रिश्ता है ही इतना पावन,
यूँ ही आँखें बंद कर मैं इसे निभाता हूँ।

वो किसी छोटी बात पर रूठ भी जाए तो क्या,
मैं हर बार बहाने से उसे रिझाता हूँ।

उसकी आँखें इतनी गहरी हैं मानो दरिया,
मैं अपने मन की डगर किसी तरह पार लगाता हूँ।

बातें जब वो करती है मानो पहेली हो,

मैं शास्त्र की तरह उन्हें समझता समझाता हूँ।

आओ पास बैठो, कुछ बताता हूँ।
वो ख़्वाब है, वो कल्पना है जिसे मैं चाहता हूँ।

17. पिता

ना जाने क्यों कलमकार पिता के बारे में कुछ नहीं कहते,
ना जाने क्यों शब्द उनके बस्तों में पिता के नाम के नहीं रहते।

ना जाने क्यों पिता के ऊपर कहानियां नहीं गढ़ी जातीं,
ना जाने क्यों पिता के अंदर की भावनाएं कथाकारों को नहीं रिझाती।

ना जाने क्यों पिता का करा त्याग सुर्खियों में जगह नहीं बना पाता,
ना जाने क्यों वो बलिदान सपूत की सफलता का अनकहा किस्सा बन के रह जाता।

समझना चाहिए समाज को भी के पिता बनना आसान नहीं होता,
मैं तो कहूंगा दुनिया में पिता सा दूसरा कोई इंसान नहीं होता।

माँ के मातृत्व की तो सब तारीफ करते है,
पिता के पितृत्व सा कोई महान नहीं होता।

जिस कंधे पर बैठ लगता था जीत ली सारी दुनिया,
कसम से उस कंधे सा और कोई बलवान नहीं होता।

बिना मांगे ही पूरी हो जाती है सारी ज़रूरते,
इस समाज में पिता समान दूसरा कोई धनवान नहीं होता।

कहना तो बहुत चाहता हूँ पर शब्द नाकाफ़ी है मेरे,

बस इतना समझ लो 'मुसाफ़िर'
दुनिया में पिता सा दूसरा कोई महान नहीं होता।

18. खूब हुनर

क्या खूब हुनर के मालिक है वो...
जन्नत भी वो, वही क़यामत भी हो गए।

कुछ ऐसा रंग चढ़ा उनकी रंगरेज़ मोहब्बत का...
वो आदत भी हो गए, वो इबादत भी हो गए।

अगर कोई कह दे कि मुस्कुराना एक मज़हब है नया...
वो पीताम्बर भी हो गए, वो पैग़म्बर भी हो गए।

एक रोज़ झरोखे से देखी थी उनकी नज़रें नक़ाब के पीछे...
वो आफ़त भी हो गए, वो शराफत भी हो गए।

सारे दर्द भुला देता हूँ जब सोचता हूँ उनको मैं...
वो हमदम भी हो गए, वो मरहम भी हो गए।

सीने में कुछ कमी की आग सी धधकती है...
वो चाहत भी हो गए, वो राहत भी हो गए।

उनके चाँद से चेहरे पर चमकती उन आँखों का क्या कहना..
वो नज़ारे भी हो गए, वो सितारे भी हो गए।

मैं अगर चाह लूं तो भी भुला नहीं सकता उनके नज़र-ओ-करम को...
वो इशारे भी हो गए, हम बेचारे भी हो गए।

19. दोस्तों की याद

अपने दोस्तों की याद मुझे आती रही,
मेरे ज़हन में ये यादें मुस्कुराती रही।

उनसे दूरी की शमा तो जलती है मन में,
इस गम की लौ भी थरथराती रही।

गिटार के तारों से निकलती सुरीली सदा उनका इंतज़ार करती
मधुर रागनी सुनाती रही।
हर शाम अधूरी उनके बिना है, फिर भी वो चाँदनी लुटाती रही।

सोचता हूँ लिखू एक खत पास अपने मैं उनको बुला लूं,
मगर चाह तो चाह है इसे कहा राह है,
ये अंदर ही अंदर शर्माती रही।

वो घाटों की शाम, गंगा की धारा, चाय की प्याली, वो गालियां और
बाइक की सवारी मुझे बुलाती रही।
अपने फ़र्ज़ के हाथों मजबूर हूँ और मसरूफ हूँ बस यही बेखयाली
मुझे सताती रही।

अब निकला है 'मुसाफ़िर' अपनों से दूर,
कुछ कर गुज़रने की आग उसे आगे बढ़ाती रही।

20. मोहब्बत क्या है?

मोहब्बत क्या है?
ये सवाल ना जाने कब से मेरे ज़हन में घर बनाए बैठा है।

क्या ये जज़्बात है? क्या ये एहसास है?
क्या ये ज़रूरत है? क्या ये इबादत है?
फिर एक दिन मैं तुमसे मिला तो यक़ीन हुआ के मोहब्ब्त,
ना जज़्बात है, ना एहसास है, ना ज़रूरत है, ना इबादत है।

मोहब्बत मेरे लिए इंसान की शक्ल में तुम हो।
तुम वो शायद जिसे खुदा ने इसी लिए ज़मीन पर उतारा के तुमसे इश्क़ करा जा सके।
तुम्हें समझा तुम्हें पढ़ा जा सके, तुम्हारी शहद भरी बातों के सहारे जिया जा सके।

अब जो तुम हो तो ये सवाल
धुंधला सा होता नज़र आता है।
मेरा हर एक कतरा
तेरे अक्स में समाता है।

21. आज़ाद

हाँ वो आज़ाद है,
वो आज़ाद है मेरे ख्वाबों में,
दुनिया की बन्दिशों से।

ये जो झील सी गहरी आँखे हैं ना उसकी,
वो सब राज़ बयां कर देती हैं।

कैसे वो हर घड़ी,
हर लम्हें से ख़ुशी चुराने का हुनर जानती है।
कैसे वो बेझिझक खिलखिलाना जानती है,
कैसे वो बेख़ौफ़ मुस्कुराना जानती है,
और कैसे वो दूसरों को हँसाना जानती है।

ये उसकी आँखों की चमक ही तो है
जो मुझे बढ़ने, सम्भलने, बिखरने के बावजूद सवरने पर मजबूर करती है।

मजबूर, इतना मजबूर के अगर वो कह दे तो फ़ना भी हो जाऊं।
और अगर वो ना पुकारे तो कभी लौट कर ही ना आऊं।
हाँ वो आज़ाद है,
वो आज़ाद है मेरे ख्वाबों में।

22. किस्सा पुराना

बातें जो वो दुनिया से छुपाना चाहता है,
ना जाने क्या वो अपने भीतर दबाना चाहता है।

जरा उसे देखो वो किसका दीवाना है,
जिसे सारा जहाँ अपना बनाना चाहता है।

मुझे बदनाम करना कभी न था उसके मन में,
मगर मेरा सर वो सर-ए-आम झुकाना चाहता है।

पहले दोस्ती थी अब दूरियाँ है दरमियान,
ये रिश्ता मानो वो सालों निभाना चाहता है।

शिकायतों का सफर और आगे चल नही सकता,
वो थक हार के राहों को मनाना चाहता है।

गीत दोस्ती के चाहे पुराने क्यों न हो 'मुसाफ़िर',
ये दिल उनको गुनगुनाना चाहता है।

तक़ाज़ा वक़्त का कैसा भी रहा हो हमपर,
ये मन वही किस्सा पुराना चाहता है।

23. सवाल

किसी शाम को जब तुम्हारे बारे में सोचता हूँ,
खो जाता हूँ,
डूब जाता हूँ उन शांत सुर्ख आंखों की गहराई में।

हाँ इश्क़ है मुझे इस खयाल से,
इश्क़ है मुझे तेरी मौजूदगी से,
इश्क़ है मुझे इस सवाल से।

सवाल ये,
के क्या तुम भी मुझे अपना मानती हो?
क्या तुम भी मुझे उस नज़रिये से जानती हो?

क्या मैं भी तुम्हारी साँसों की सरगम में बसता हूँ?
क्या मैं भी तुम्हारे खयालों में हँसता हूँ?

फिर सोचता हूँ ये ख्याल ही अच्छा है,
मुझे पता है ये एहसास सच्चा है,
ये अगर महज़ सवाल है
तो इसे सवाल ही रहने दो 'मुसाफ़िर'
ये सवाल अच्छा है।

24. हम बढ़ते है

जब भी मैं एक लंबा, हरा दरख़्त देखता हूँ,
सोचता हूँ कि कितनी पत्तियों को इसने जन्म दिया और खो दिया होगा।

हर टहनी की ताकत के बारे में सोचता हूँ,
सोचता हूँ कैसे ये एक कोमल सी कोपल के सर उठाने से लेकर
उसके मिट्टी में मिल जाने सब को खुद में समेट लेती है।

हम इंसान भी क्यों नहीं पेड़ों की तरह हो जाते हैं,
हम भी तो जैसे जैसे बढ़ते है कुछ न कुछ
खोते चलते है पीछे छोड़ते चलते है,
कभी खुद को, कभी दोस्तों को, कभी अपनो को।

हमें और हमारे जीवन को तदबीर ही इसी तरह किया गया है,
जितना हम खोते जाते है उतना मज़बूत बनते जाते हैं।
'गिरने में, हारने में, भूलने में, हम बढ़ते हैं'

25. कल्पना

कुछ अजीब सा खोया खोया सा लगता है।
शायद, सीने के आस पास ही कहीं।

मानो दिल के भीतर का कुछ,
शायद, जिसे समाज ने मन कह कर पुकारा।

उसी मन में कुछ,
शायद, वो जो मेरा तुमसे और तुम्हारा मुझसे जुड़े रहने का एकमात्र साधन सा था।

साधन विश्रंभ जैसा कुछ,
शायद, वो जो अनुमोदन बन मेरे और तुम्हारे चेहरे के भाव बताता था।

भाव वही जो मन की गहराइयों में डूब गए है,
शायद, उतनी ही गहराई में जहाँ तक मनुष्य की कल्पना उसे ले जा सकती हो।

कल्पना वही 'मुसाफ़िर' जो वास्तविकता नहीं,
शायद, उतनी ही काल्पनिक जितनी कल्पना हो सकती हो।

www.ingramcontent.com/pod-product-compliance
Lightning Source LLC
Chambersburg PA
CBHW062203160726
48282CB00027B/977